AF644178

Mein Körper, dein Körper

Das sind wir!

Anmerkung für Erwachsene

Dieses Kinderbuch stellt unseren Körper und die Körpervielfalt in den Mittelpunkt und soll Kindern helfen, ihren Körper positiv zu sehen.

Am Ende des Buches finden Sie weitere Ideen, wie man Kinder dabei unterstützen kann, Körperbewusstsein zu enwickeln und sich im eigenen Körper wohlzufühlen – unabhängig von Körperform, Größe, Alter oder Fähigkeiten.

Inhalt

Mein Körper, dein Körper

Das sind wir!

Felicity Brooks

Illustrationen: Mar Ferrero

Gestaltung: Frankie Allen

Fachliche Beratung: Dr. Kristina Routh,
Medizinische Beraterin und Autorin für Gesundheitsthemen

Unser erstaunlicher Körper

Unsere Körper sind erstaunlich. Hast du schon einmal darüber nachgedacht, was DEIN Körper alles kann? Kannst du vielleicht …

Wahrscheinlich beherrschst du viele dieser Dinge, aber konntest du sie auch schon, als du ein kleines Baby warst? Welche musstest du lernen? Blättere weiter, um genau das zu erfahren ...

Deine Entwicklung

Wahrscheinlich hast du umgeblättert, indem du mit deinen Fingern die Seite gegriffen hast. Das hast du gelernt, so wie du viele andere Dinge gelernt hast, seit du ein Baby warst.

Vielleicht erinnerst du dich nicht daran, diese Dinge gelernt zu haben. Aber so viel wie in deinen ersten zwei Lebensjahren lernst du in keiner anderen Zeit in deinem Leben. Und während du lernst, benutzt du dein Gehirn und ...

Deine Sinne

Deine **Sinne** helfen dir, die Welt zu erkunden und zu verstehen, was um dich herum geschieht. Alle Informationen, die sie an dein Gehirn senden, helfen dir beim Lernen. Hier sind die fünf wichtigsten Sinne:

Du RIECHST Dinge mit deiner Nase.

Du SIEHST Dinge mit deinen Augen.

Du HÖRST Töne mit deinen Ohren.

Du FÜHLST mit deiner Haut.

Du SCHMECKST mit deiner Zunge.

Nicht jeder Mensch kann alle fünf Sinne voll nutzen. Manche Leute haben eine **sensorische Beeinträchtigung** oder eine **Behinderung** und benötigen spezielle Geräte oder Hilfe.

Wenn man nicht oder kaum sehen kann, ist man **blind** oder **sehbehindert.** Mit einer Brille sehen manche Menschen besser.

Wer nicht gut oder gar nicht hören kann, ist schwerhörig oder **taub.** Man kann sich dann mit **Gebärdensprache** unterhalten.

Wenn man krank ist, verliert man manchmal seinen Geschmacks- und Geruchssinn. Meistens aber nur für eine kurze Zeit.

Man ist **reizüberflutet**, wenn die Sinne mehr Informationen gleichzeitig aufnehmen, als das Gehirn verarbeiten kann.

Du benutzt deine Sinne die ganze Zeit, oft ohne darüber nachzudenken. Welchen Sinn benutzt du, wenn du dir die Bilder in diesem Buch ansiehst?

Wie der Körper kommuniziert

Unser Körper hat verschiedene Möglichkeiten, sich auszudrücken. Wir müssen kommunizieren, um mit Freunden zu sprechen, anderen mitzuteilen, wie es uns geht, und uns über Dinge zu informieren.

Dein **Gesichtsausdruck** (auch Mimik genannt) kann zeigen, wie du dich fühlst. Wie fühlen sich diese Kinder?

Eine **Geste** ist eine Bewegung mit deinen Händen oder einem anderen Teil deines Körpers, um etwas mitzuteilen.

Deine **Körperhaltung** ist auch eine Form von Kommunikation – manchmal ist dir das gar nicht bewusst! Man nennt dies die **Körpersprache**.

Dieser Junge sieht glücklich aus – seine Arme sind weit geöffnet und er lächelt.

Was sagt dir der Gesichtsausdruck und die kauernde Haltung des Mädchens?

Der Junge stemmt seine Hände in die Hüften. Was bedeutet diese Haltung?

Du erzeugst Töne und Wörter mit dem Mund, der Zunge und dem **Kehlkopf**. Sie sorgen dafür, dass du sprechen, SCHREIEN, flüstern und andere Geräusche erzeugen kannst. Einige Geräusche, die unser Körper produziert, können wir allerdings nicht kontrollieren.

Mit deinen Ohren kannst du hören, was andere sagen, und mit deinem Gehirn kannst du Geräusche und Wörter zuordnen.

Visuelle Kommunikation nutzt Bilder, Schilder und Symbole. Deine Augen und dein Gehirn helfen dir, sie zu verstehen.

Wenn du das nächste Mal mit mehreren Menschen zusammen bist, beobachte, auf welche Art und Weise sie kommunizieren.

Jeder Körper ist anders

Der menschliche Körper ist toll, denn es gibt ihn in allen möglichen Formen, Größen und Altersstufen und mit verschiedenen Haut-, Augen- und Haarfarben.

Die Haut kann dunkel oder hell sein und viele Nuancen dazwischen haben. Jeder Mensch hat seine Hautfarbe von seinen leiblichen Eltern und **Vorfahren.**

Manche haben Narben, Muttermale, Sommersprossen, Flecken, Ausschläge oder Pickel auf der Haut.

Menschen tragen ganz unterschiedliche Kleidung.

Kannst du auf diesem Markt eine Person finden, die ...

- grüne Shorts trägt
- rote Haare hat
- eine **Mobilitätshilfe** benutzt
- einen Bart hat
- Tätowierungen (Bilder) auf der Haut hat
- eine Bein**prothese** hat
- **schwanger** ist (ein Baby bekommt)
- erwachsen, aber klein ist
- eine Glatze hat

Haare können lockig, kraus, glatt, gewellt, wuschelig, abstehend, fein, dick, lang oder kurz sein ... Wie sind deine?

Manchen Menschen fehlen Gliedmaßen (das sind Arme oder Beine). Sie können eine Arm- oder Bein**prothese** haben.

Personen mit einer **Behinderung** brauchen eine **Mobilitätshilfe,** etwa einen Gehwagen (Rollator).

Der Körper verändert sich mit zunehmendem Alter. Welche Unterschiede kannst du bei dieser Familie feststellen?

Egal, wie dein Körper aussieht, er ist etwas Besonderes, weil er dir gehört und du in ihm lebst! Kannst du DEINEN fantastischen Körper malen?

Was dein Körper braucht

Dein Gehirn und dein Körper brauchen jeden Tag VIELE Dinge, damit du wachsen und tolle Sachen tun kannst und dich glücklich und gesund fühlst. Hier sind einige davon:

MEIN KÖRPER BRAUCHT ...

Probiere verschiedene Lebensmittel und iss viel Obst und Gemüse.

Vergiss nicht, viel Wasser zu trinken!

ETWAS ZU TRINKEN

Dein Körper und dein Gehirn brauchen viel Wasser, um gesund zu bleiben. Du kannst Kopfschmerzen bekommen, wenn du nicht genug trinkst.

GESUNDES ESSEN

Nahrung hilft deinem Körper und deinem Gehirn, richtig zu funktionieren, und hält deine Knochen stark. Du bekommst Energie und **Nährstoffe**, die wichtig für dein Wachstum und deine Gesundheit sind. Wenn man hungrig ist, ist man oft schlecht gelaunt.

FRISCHE LUFT

Ohne Sauerstoff können wir nicht leben. Er ist in der Luft enthalten. Wir atmen ihn immer ganz automatisch ein.

KLOPROBLEME?

Wenn man nicht genug trinkt, fühlt man sich mies. Es kann auch dazu führen, dass man nicht Kacka machen kann!

BEWEGUNG

Bewegung kann alles Mögliche sein und ist wirklich gut für deinen Körper! Du solltest dich etwa drei Stunden am Tag bewegen.

WOW! Das habe ich nicht gewusst!

Du kannst spielen, hüpfen, rennen, schwimmen, tanzen, laufen, Fahrrad oder Roller fahren ...

MEINE LIEBLINGS-BÜCHER
Dinosaurierbuch
Fingerfarbenbuch
Insektenbuch

DENKEN UND LERNEN

Dein Gehirn muss ständig neue Dinge lernen, um optimal zu funktionieren. Wenn du nicht denkst und lernst, kann es passieren, dass du gelangweilt und unglücklich bist.

SICHERHEIT

Du brauchst einen Ort zum Schlafen, Waschen, Essen, Spielen, als Schutz vor Kälte und Nässe und um mit deiner Familie zusammen zu sein. Sich sicher und geliebt zu fühlen, hilft, glücklich und gesund zu sein.

VIEL SCHLAF

Wenn du nicht genug Schlaf bekommst, fühlst du dich vielleicht ein bisschen mürrisch und traurig und bist müde. Das macht es schwieriger, neue Dinge zu lernen. Schlaf hilft deinem Körper auch zu WACHSEN!

SCHON GEWUSST?
Wenn man jung ist, braucht man jede Nacht etwa 12 Stunden Schlaf.

Gute Nacht, schlaf schön!

Deine Gefühle und dein Körper

Dein Körper kann deine Gefühle auf verschiedene Weise zeigen. Manchmal tut er sogar Dinge, die du nicht kontrollieren kannst.

Sie ist GLÜCKLICH.

Sie sind TRAURIG.

Sie ist AUFGEREGT.

Manche Dinge, die dein Körper tut, sagen dir, dass er etwas braucht.

Gähnen zeigt, dass dein Körper MÜDE ist und Schlaf braucht.

Zittern zeigt, dass deinem Körper KALT ist und er Wärme braucht.

Schwitzen zeigt, dass dir HEISS ist und sich dein Körper abkühlen muss.

Diese Kinder sagen dir, was sie tun, um sich glücklicher zu fühlen oder ruhiger zu werden, wenn sie ein Gefühl verspüren, das sie nicht mögen.

Ich streichle meine Katze.

Ich schaue mein Lieblingsbuch an.

Ich sage mir, dass alles GUT ist und ich mein Bestes gebe.

Ich drücke meinen Teddy fest an mich.

Ich denke an einen Ort, den ich sehr mag.

Ich atme tief ein und aus und zähle dabei langsam.

Ich spreche mit meiner Oma und erzähle ihr von meinen Sorgen.

Was machst du gern, um dich ruhiger zu fühlen?

Auf deinen Körper achten

Dein Körper funktioniert nur dann gut, wenn du dich um ihn kümmerst. Diese Kinder geben dir ein paar Tipps, um deinen Körper zu pflegen, dich zu schützen und gesund zu bleiben.

Spiele NIE mit scharfen Dingen wie Messern oder Scheren.
Halte dich von heißen Dingen fern, die dich verbrennen können.
Iss oder trink NICHTS, von dem dem du nicht weißt, ob es essbar oder trinkbar ist.
Wenn du krank oder verletzt bist, sag es einem Erwachsenen.
AUA!
Streichle nie einen Hund, ohne vorher den Besitzer gefragt zu haben.
Wenn du am Schwanz einer Katze ziehst, kratzt sie dich vielleicht!
FAUCH!
Beim Überqueren einer Straße halte die Hand eines Erwachsenen.
Wir gehen über den Zebrastreifen.
Spiele nicht in der Nähe einer Straße.
SAUUUUS!
Klettere nur auf Dingen herum, die zum Klettern da sind.
Ha ha!
Hi hi!
Stupse und stoße andere nicht beim Spielen.
Halte dich immer gut fest!

Die richtige Kleidung

Ziehe Kleidung an, die für das jeweilige Wetter und deine Aktivitäten passend ist, damit du dich wohl und sicher fühlst.

An kalten Tagen braucht man dicke Kleidung, um draußen nicht zu frieren.

Dünne Kleidung und Sandalen sind ideal bei heißem Wetter.

Bei Regen brauchst du Gummistiefel und einen Mantel mit Kapuze.

Sportkleidung ist ideal zum Herumrennen und Sport machen.

Nachtwäsche ist bequem beim Schlafen.

Schwimmkleidung kann nass werden. Sie trocknet schnell.

Mit bestimmten Kleidungsstücken kann man die restliche Kleidung vor Flecken schützen.

Ein Helm schützt den Kopf bei Stürzen.

Jakob möchte an einem kalten, trockenen Tag rausgehen. Was sollte er anziehen? Und was zuerst?

Nimm ein Blatt Papier und zeichne die Kleidungsstücke, die du am liebsten anziehst.

Krank werden

Auch wenn du sehr auf deinen Körper achtest, kannst du manchmal krank werden. Du merkst, dass du krank bist, wenn du folgende Anzeichen oder **Symptome** verspürst:

Viele Krankheiten werden durch **Keime** verursacht. Keime können an vielen Orten leben – in Lebensmitteln, auf den Dingen, die uns umgeben, und sogar in uns selbst. Meistens kann unser Körper die schädlichen Keime abwehren, aber manchmal nicht und wir werden krank.

Keime sind zu klein, um sie zu sehen, und sie verbreiten sich gern. Sie können leicht von einer kranken Person auf eine andere Person übertragen werden, und diese auch krank machen.

Wenn du niest, versprühst du Keime in die Luft.

Wenn eine andere Person sie einatmet, kann sie sich anstecken.

Keime können auch auf Gegenständen sein, die wir berühren, und im Kot.

Einige Menschen bekommen Symptome, weil sie eine **Allergie** oder eine andere Erkrankung haben.

Asthma ist eine Erkrankung, die manchmal das Atmen erschwert.

Heuschnupfen ist eine Allergie gegen Pollen, die von Gräsern und Blüten stammen.

Hast du eine Allergie oder leidest an einer Erkrankung? Wenn ja, was musst du tun, um gesund zu bleiben?

Gesund werden

Wenn du krank bist, ruhst du dich am besten aus und lässt dich von Erwachsenen umsorgen. Manchmal musst du zum Arzt gehen, um zu erfahren, was dir fehlt. Diese Kinder spielen Situationen beim Arzt nach.

Zuerst fragt die Ärztin, was das Problem ist.

Dann stellt sie mehr Fragen und untersucht dich. Es kann sein, dass sie ...

... ein **Stethoskop** benutzt, um dich abzuhören,

... mit einem **Thermometer** bei dir Fieber misst,

... in deinem Mund schaut, ob dein Hals entzündet ist,

... deine Ohren mit einem **Otoskop** untersucht,

... dir sagt, dass du **Medikamente** brauchst und den Erwachsenen, wie viel sie dir geben sollen.

Nimm NIEMALS Medikamente alleine ein – frage immer zuerst einen Erwachsenen.

Dein Medikament kann Folgendes sein:

ein Saft oder eine Tablette zum Schlucken,

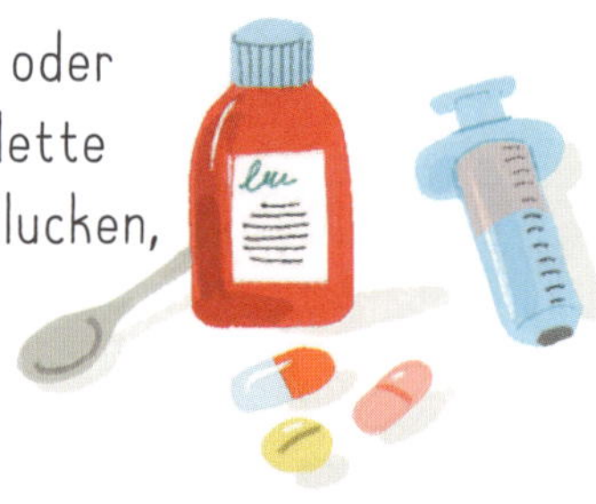

eine Salbe zum Auftragen auf deine Haut,

oder Tropfen für deine Augen.

Manchmal gehst du zum Arzt, um geimpft zu werden. Durch **Impfungen** lernt dein Körper, gefährliche Keime abzuwehren, die dich krank machen können.

Du brauchst oft keinen Arzt, wenn du eine kleine **Wunde** hast. Ein Erwachsener kann sie reinigen und ein Pflaster aufkleben, um sie sauber zu halten.

Wenn du eine ernstere Krankheit oder eine größere **Verletzung** hast, wie etwa einen Knochenbruch, musst du ins Krankenhaus. Die Ärzte dort behandeln dich dann.

Du musst nicht immer im Krankenhaus übernachten. Aber wenn doch, kann jemand die ganze Zeit bei dir bleiben, bis es dir besser geht.

Warst du schon einmal krank? Bist du zur Ärztin oder ins Krankenhaus gegangen? Was musstest du tun, damit es dir wieder besser ging?

Was ist was im Körper?

Hier siehst du die Namen der verschiedenen Körperteile. Kennst du alle Begriffe?

Deine Genitalien (auch Geschlechtsteile genannt) befinden sich zwischen deinen Beinen.

Mädchen haben eine Vulva und eine Vagina (die im Körper liegt). Jungen haben einen Penis und Hoden.

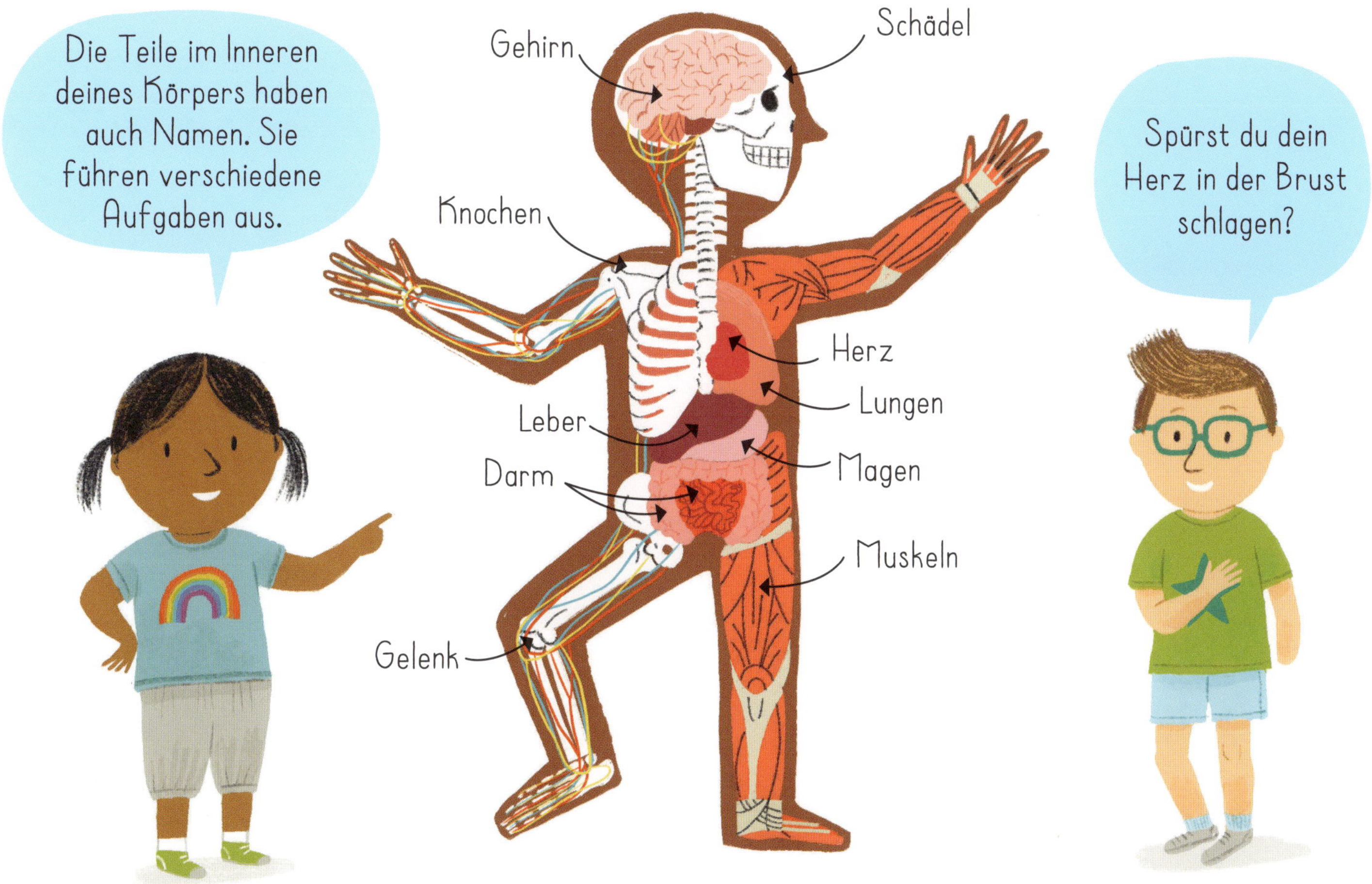

Alex und Yaz haben Bilder von sich selbst gezeichnet, um dir die Teile ihrer Köpfe und Gesichter zu zeigen.

Kannst du ein Bild von deinem Gesicht zeichnen? Welche Augenfarbe hast du? Wie sehen deine Haare aus? Welche Form hat dein Mund?

Dein Körper gehört dir

Dein Körper gehört dir und nur du entscheidest: Du musst dich von niemandem umarmen, küssen, kitzeln oder berühren lassen (auch nicht von jemandem aus deiner Familie), wenn du dich dabei nicht wohlfühlst.

Manche Menschen umarmen gerne, aber sie sollten dich immer fragen, ob es okay ist. Dann kannst du entscheiden.

Wenn du eine Umarmung möchtest, kannst du „Ja" sagen. Du gibst also deine **Zustimmung**.

Wenn du keine Umarmung möchtest, ist das auch okay. Du kannst einfach abklatschen, winken oder nur Hallo sagen.

Folgende Dinge helfen dir, auf deinen Körper aufzupassen und dich in ihm wohlzufühlen.

GENITALIEN SIND PRIVAT …

Eine Ärztin, ein Krankenpfleger oder deine Eltern müssen manchmal deine Genitalien sehen, aber sie sollten dich fragen, ob das okay ist.

BESCHEID SAGEN ...

Wenn jemand versucht, deine Genitalien zu sehen, anzufassen oder etwas tut, das dir wehtut oder dich verunsichert, SAG EINEM ERWACHSENEN BESCHEID.

Es ist IMMER gut, über Dinge zu sprechen, die dich beunruhigen oder ängstigen.

ÜBER „SCHLECHTE" GEHEIMNISSE SPRECHEN ...

Gute Geheimnisse (wie ein Überraschungsgeschenk) machen uns glücklich, aber schlechte Geheimnisse verunsichern und verängstigen uns.

Niemand sollte dich bitten, ein schlechtes Geheimnis zu hüten – vor allem nicht, wenn es um Genitalien geht. Wenn dich ein Geheimnis beunruhigt, SPRICH MIT EINEM ERWACHSENEN.

UND NIEMALS VERGESSEN ...

Dein Körper gehört dir und du darfst „NEIN" sagen – auch zu jemandem, den du magst.

Jeder Körper ist anders, aber ALLE Körper sind toll!

Du musst nicht wie andere sein, sei einfach du selbst. Du bist WUNDERBAR, so wie du bist!

Es ist wichtig, sich in seinem Körper WOHLZUFÜHLEN, unabhängig von Größe, Form, Alter, Hautfarbe und Fähigkeiten.

Du wirst dein GANZES LEBEN in deinem Körper sein, deshalb musst du auf ihn achten und ihn schützen.

Körper-Wörter

Allergie – Wenn du eine Allergie gegen etwas hast, kannst du krank werden, wenn du es isst oder einatmest oder damit in Berührung kommst.

Behinderung – ein körperlicher oder geistiger Zustand, der es erschwert, bestimmte Tätigkeiten auszuführen, zu kommunizieren oder zu lernen. Er kann die **Sinne**, die Bewegung, das Denken, das Gedächtnis, die Lernfähigkeit, die Kommunikation usw. beeinträchtigen. Nicht immer ist offensichtlich, dass jemand eine Behinderung hat.

Blindheit – Blind zu sein bedeutet, dass man nicht oder fast nicht sehen kann. Es ist eine **Behinderung**.

Gebärdensprache – eine Sprache, in der man sich mit Hand- und Körperbewegungen und **Gesichtsausdrücken** verständigt anstatt mit gesprochenen Worten. Es gibt mehr als 300 Gebärdensprachen auf der ganzen Welt.

Gesichtsausdruck – Die Mimik einer Person zeigt, ob sie z.B. glücklich, wütend, traurig oder überrascht ist.

Geste – Bewegung eines Körperteils, meistens der Hand oder des Arms, um eine Idee oder Botschaft zu vermitteln

Impfung – ein **Medikament** (meistens in Form einer Spritze), das Menschen vor gefährlichen **Keimen** schützt

Kehlkopf – Hierbei handelt es sich um die „Sprachbox" im Hals eines Menschen, die es uns ermöglicht, unsere Stimme zum Sprechen oder singen zu benutzen.

Keime – Bakterien und Viren, die Menschen krank machen können

Körperhaltung – die Art und Weise, wie du stehst, sitzt oder liegst

Körpersprache – die Kommunikation mit **Gesichtsausdrücken**, **Körperhaltung** und **Gesten**

Medikamente – Tabletten, Säfte, Spritzen und Salben, die Menschen helfen können, gesund zu werden, oder die verhindern, dass jemand krank wird

Mobilitätshilfe – Hilfsmittel wie ein Rollstuhl, eine Gehhilfe oder eine Krücke, die einem Menschen dabei helfen, sich leichter fortzubewegen

Nährstoffe – Sie stecken im Essen. Jeder braucht sie, um stark und gesund zu bleiben. Vitamine sind Nährstoffe.

Otoskop – ein Instrument, das Ärztinnen und Ärzte verwenden, um in die Ohren von Menschen zu schauen.

Prothese – ein speziell angefertigtes künstliches Körperteil, das jemand trägt, weil sein Körper anders geformt ist – von Geburt an oder z.B. nach einem Unfall.

Reizüberflutet – Wenn die **Sinne** einer Person zur gleichen Zeit mehr Informationen aufnehmen, als ihr Gehirn verarbeiten kann, ist sie reizüberflutet.

Schwanger – Jemand, der schwanger ist, bekommt ein Baby. Eine Schwangerschaft dauert neun Monate.

Sehbehindert – Wenn man nicht so gut wie andere Menschen sehen kann, ist man sehbehindert.

Sensorische Beeinträchtigung – So nennt man es, wenn ein oder mehrere **Sinne** einer Person nicht so gut funktionieren wie die anderen.

Sinne – Sie ermöglichen es uns, die Welt zu erkunden und zu verstehen. Die fünf wichtigsten Sinne sind Sehen, Hören, Riechen, Tasten und Schmecken.

Stethoskop – ein Instrument, das verwendet wird, um die Atmung oder den Herzschlag einer Person abzuhören

Symptom – z.B. Halsschmerzen oder hohes Fieber. Symptome sind die Zeichen, die anzeigen, dass jemand vielleicht krank ist.

Taubheit – Taub zu sein bedeutet, dass man nicht oder fast nicht hören kann. Es ist eine **Behinderung**.

Thermometer – ein Instrument, das zur Messung der Körpertemperatur verwendet werden kann

Verletzung – Beschädigung eines Körperteils einer Person; oft durch einen Unfall verursacht

Visuelle Kommunikation – Art der Verständigung, bei der statt Worten Bilder, Schilder und Symbole verwendet werden

Vorfahren – Verwandte, die vor langer Zeit lebten

Wunde – eine **Verletzung**, z.B. ein Kratzer, ein Schnitt, eine Abschürfung

Zustimmung – Erlaubnis, dass etwas geschehen kann. Man gibt seine Zustimmung für etwas, indem man „Ja" dazu sagt.

Infos für Erwachsene

Dieses Buch stellt die Körpervielfalt (Diversität) in den Mittelpunkt und soll Kindern helfen, Vertrauen in ihren Körper zu entwickeln und ein positives Körperbild zu bewahren, während sie heranwachsen. Das Körperbild ist die Art und Weise, wie jemand über seinen Körper denkt, darüber, wie er funktioniert und wie er aussieht – zum Beispiel seine Größe, Form, Hautfarbe und sein Gewicht. Das Körperbild hat einen großen Einfluss auf das emotionale, soziale und körperliche Wohlbefinden und entwickelt sich, sobald Kleinkinder beginnen, sich im Spiegel oder auf einem Foto zu erkennen.

Es ist inzwischen bekannt, dass Körperbewusstsein in den ersten Lebensjahren den Grundstein für ein positives Körperbild, Gesundheit und Wohlbefinden im Teenageralter legt. Wenn Kinder sich in ihrem Körper wohlfühlen, ist es wahrscheinlicher, dass sie gesund essen, gesund bleiben, sich pflegen und sich generell wohlfühlen, wenn sie erwachsen werden. Im Gegensatz dazu kann ein negatives Körperbild zu einer Reihe von Problemen im späteren Leben beitragen, darunter ein geringes Selbstwertgefühl, Depressionen und Essstörungen.

Wie kann ich meinem Kind helfen, ein positives Körperbild zu bewahren?

Um Ihrem Kind bei der Entwicklung von Körperbewusstsein zu helfen, sollten Sie es dazu ermutigen, seinen Körper und dessen Fähigkeiten zu schätzen, Gemeinsamkeiten und Unterschiede zu würdigen, ihm dabei helfen, herauszufinden, was es an sich selbst mag, und ihm zeigen, wie es auf seinen Körper achten und ihn schützen kann.

Studien haben gezeigt, dass negative Bemerkungen von Familienmitgliedern und Freunden über das Aussehen eines Kindes zu lebenslangen Unsicherheiten führen können. Die Art, wie Erwachsene vor Kindern über Körper und Essen sprechen, kann einen nachhaltigen Effekt haben. Schon dreijährige Kinder achten darauf, wie sich Menschen verhalten und über ihren Körper sprechen. Daher ist es wichtig, dass man kleinen Kindern ein positives Körperbild vorlebt, damit sie ihren Körper lieben und glücklich sind:

- Vermeiden Sie es, das Aussehen der Kinder zu kommentieren, und konzentrieren Sie sich darauf, was sie können, was ihnen Spaß macht und woran sie interessiert sind.
- Loben Sie sie, wenn sie zum Beispiel freundlich sind oder sich anstrengen. Das zeigt, dass Sie sie wertschätzen und ihre Fähigkeiten anerkennen, anstatt sich auf ihr Aussehen zu konzentrieren.
- Halten Sie inne, bevor Sie das Aussehen oder die Kleidung eines Kindes kommentieren („Was für ein hübsches Kleid!"). Denken Sie an etwas anderes, das Sie an ihm mögen. („Du kannst gut singen!")
- Vermeiden Sie es, vor Ihrem Kind darüber zu sprechen, dass Sie mit Ihrem Körper und Gewicht unzufrieden sind oder eine Diät machen.
- Denken Sie daran, dass kleine Kinder umso mehr Schuld- und Schamgefühle entwickeln, je mehr Sie Gewicht als ein Problem oder bestimmte Lebensmittel als „schlecht" darstellen.
- Vermeiden Sie es, Ihren Körper und Ihr Aussehen mit anderen zu vergleichen und sprechen sie darüber, dass Sport gut für die Gesundheit ist und nicht nur, um abzunehmen.

- Gesunde Mahlzeiten sollten zum Alltag gehören, anstatt darüber zu sprechen, dass bestimmte Lebensmittel gut oder schlecht sind.

- Sprechen Sie positiv über Ihren Körper und was er alles kann. („Ich liebe meine Beine. Sie sind heute so weit gelaufen!") Ermutigen Sie Ihre Kinder, dies auch zu tun.

- Greifen Sie ein, wenn Kinder negativ über den Körper anderer sprechen oder jemanden wegen seines Aussehens hänseln. (Sie könnten fragen, wie sie sich fühlen würden, wenn jemand ähnliche Bemerkungen über ihren Körper machen würde.)

- Sprechen Sie darüber, dass jeder Körper anders aussieht und fantastisch ist.

- Wählen Sie Bücher, in denen Leute mit verschiedenen Körpern und Fähigkeiten vorkommen.

- Kontrollieren Sie, was Ihre Kinder im Fernsehen und Internet sehen und ob es altersgerecht ist. Wählen Sie Programme mit positiven Vorbildern.

- Ermutigen Sie Ihr Kind, über seine Gefühle zu sprechen. Wenn es weiß, dass es gut ist, darüber zu sprechen, ist es wahrscheinlicher, dass es seine Gefühle über seinen Körper mitteilt.

Körperteile und Grenzen

Verwenden Sie die richtigen Begriffe für Körperteile, einschließlich der Genitalien, und versuchen Sie, alle Fragen offen zu beantworten. Sie müssen nicht ins Detail gehen, aber Sie sollten die Fragen der Kinder nicht einfach abtun.

Legen Sie klar fest, wer ihre Genitalien sehen oder anfassen darf (z. B. „Nur Papa, ich und unsere Hausärztin dürfen deinen Penis sehen"). Stellen Sie sicher, dass Ihre Kinder wissen, wer vertrauenswürdig ist und mit wem sie reden können, wenn sie etwas beunruhigt.

Lesen Sie mit Ihren Kindern die „Regeln" zum Thema Zustimmung und „Genitalien" auf den Seiten 28 und 29 und gehen Sie sicher, dass sie sie verstehen. Es ist völlig normal, dass kleine Kinder ihre eigenen Genitalien anfassen. Machen Sie sich also keine Sorgen, wenn sie das tun, aber helfen Sie ihnen zu verstehen, dass sie das nicht in der Öffentlichkeit tun sollten.

Hinweis zur inklusiven Sprache: Uns bei Usborne ist es wichtig, dass sich alle Leserinnen und Leser unserer Bücher angesprochen und willkommen fühlen. Deshalb verwenden wir verstärkt genderneutrale Formulierungen und wechseln weibliche und männliche Personenbezeichnungen ab. Bei Büchern, in denen dies noch nicht umgesetzt ist, bemühen wir uns, dies zeitnah nachzuholen.

Übersetzung aus dem Englischen und Satz der deutschen Ausgabe: Andrea Reinacher
Redaktion der deutschen Ausgabe: Julia Hanauer

2. Auflage 2026 @ 2024 für die deutsche Ausgabe: Usborne Publishing Limited, 83-85 Saffron Hill, London EC1N 8RT, Großbritannien. Deutsche Niederlassung: Usborne Verlag GmbH, Prüfeninger Str. 20, 93049 Regensburg, Deutschland. Titel der Originalausgabe: All About You and Your Body @ 2024 Usborne Publishing Limited, London. Der Name Usborne und das Ballon-Logo sind eingetragene Markenzeichen von Usborne Publishing Limited. Alle Rechte vorbehalten. Kein Teil dieser Veröffentlichung darf ohne vorherige Genehmigung des Herausgebers vervielfältigt oder in irgendeiner Weise für das Training von Technologien oder Systemen mit künstlicher Intelligenz (einschließlich Text- oder Data-Mining) verwendet, in Retrieval-Systemen gespeichert oder in irgendeiner Form oder mit irgendwelchen Mitteln übertragen werden.